LA GÉOGRAPHIE DES NOMES

OU

DIVISION ADMINISTRATIVE

DE LA HAUTE ET DE LA BASSE ÉGYPTE

AUX

ÉPOQUES DES PHARAONS, DES PTOLÉMÉES ET DES EMPEREURS ROMAINS

PAR

HENRI BRUGSCH BEY.

SPÉCIMEN DU DICTIONNAIRE GÉOGRAPHIQUE DE L'ANCIENNE ÉGYPTE.

LEIPZIG

LIBRAIRIE J. C. HINRICHS.

1879.

LA GÉOGRAPHIE DES NOMES

OU

DIVISION ADMINISTRATIVE

DE LA HAUTE ET DE LA BASSE ÉGYPTE

AUX

ÉPOQUES DES PHARAONS, DES PTOLÉMÉES ET DES EMPEREURS ROMAINS

PAR

HENRI BRUGSCH BEY.

SPÉCIMEN DU DICTIONNAIRE GÉOGRAPHIQUE DE L'ANCIENNE ÉGYPTE.

LEIPZIG

LIBRAIRIE J. C. HINRICHS.

1879.

PRÉFACE.

Les tableaux qui suivent et que je me permets de présenter aux savants orientalistes et aux philologues des littératures classiques, renferment les résultats de mes dernières études au sujet de la géographie des Nomes, dont jadis se composait la haute et la basse Égypte. La connaissance de l'ancienne division du pays, basée sur les listes monumentales et sur les indications des inscriptions et des textes égyptiens, ne pourra que faciliter les recherches historiques et mythologiques, et servira de guide à tous ceux qui voudraient s'instruire sur la géographie de l'Égypte, et posséder des notions justes et exactes sur les représentants mythologiques des Nomes. Sous ce rapport il sera bon de consulter les tableaux aussitôt que des questions scientifiques touchent l'ancienne Égypte, ne fût-ce que pour gagner la conviction que les traditions classiques et orientales ainsi que les légendes et les emblèmes des monnaies des nomes sont d'accord avec les listes et avec les communications des monuments égyptiens. Les tableaux forment le résumé de mon grand *Dictionnaire géographique de l'ancienne Égypte* qui vient de quitter la presse et qui renferme, arrangés par ordre alphabétique, les noms des nomes et de leurs chefs-lieux, des temples et sanctuaires, des villes, bourgs et nécropoles, des mers, du Nil et de ses embouchures, des lacs, marais, canaux et ports, des vallées, grottes, montagnes, des îles et îlots, en un mot toute la matière géographique que les monuments nous révèlent, à partir des grandes listes des nomes jusqu'à la dernière bourgade cachée dans quelque coin du désert ou de la montagne.

Le dictionnaire, autographié de ma propre main à l'exemple des tableaux qui suivent, contient plus de 3000 noms propres géographiques. Il sera naturel de supposer qu'il a été impossible de les déterminer tous, sans exception, avec un égal succès, malgré le grand secours qu'une quarantaine de listes monumentales des nomes et de leurs subdivisions offre aux recherches géographiques. Mais ces lacunes, qui vont être comblées, et ces quelques noms, peut-être erronément interprétés, qui attendront encore à être éclaircis, ne touchent nullement la division générale des nomes et les noms de leurs métropoles.

La détermination des nomes est fondée sur la nomenclature comparée des noms antiques avec les noms correspondants contenus dans les traditions classiques. dans les index géographiques que renferment les manuscrits coptes, et en dernier lieu dans la géographie de l'Égypte moderne. Pour les auteurs classiques je me suis convaincu que *Claude Ptolémée,* malgré quelques confusions dues aux copistes de son ouvrage géographique, l'emporte sur tous les autres auteurs, car il a puisé ses matériaux dans une source aussi autenthique que complète. *Hérodote,* pour les parties de ses livres qui touchent l'Égypte, attend plus de jour de la part des monuments qu'il ne leur accorde pour éclaircir des noms encore inconnus. Cependant ses traditions fournissent les preuves qu'il a préféré citer les noms géographiques par leurs sons égyptiens que de proposer leur traduction grecque à l'instar des auteurs postérieurs à son époque.

Strabon, le géographe par excellence, peut être consulté avec profit pour quelques parties du pays; pour d'autres il les passe rapidement, et sa description ne fixe que relativement l'ordre successif des nomes et des villes de l'Égypte. Les traditions et notices mythologiques de *Strabon* sont, aussi pour la géographie de l'Égypte, d'une valeur indiscutable. *Pline*, confus et léger, malgré la richesse de très-précieuses sources qu'il a eues à sa disposition, mérite néanmoins une grande attention pour la géographie de l'Arabie égyptienne du côté oriental du Delta.

L'itinéraire d'*Antonin* ainsi que la *Notitia dignitatum*, rédigés au quatrième et au cinquième siècle de notre ère, sont d'une haute importance pour les études comparées. Il est vrai qu'il y a des erreurs dans les chiffres et dans les noms, mais il est facile de rectifier ces erreurs provenant sans doute de la main des copistes.

Voilà les ouvrages de premier rang qui, pour la partie classique, m'ont aidé à faire mes comparaisons et à reconstruire la géographie des Nomes. Les noms coptes et arabes, relativement modernes, mais dérivant pour la plupart de prototypes antiques, achèvent les preuves pour l'exactitude des positions préalablement fixées à l'aide d'autres combinaisons.

En comparant entre elles les listes grecques, qui se composent des nomes de la haute et de la basse Égypte, on ne peut pas se soustraire à une observation qui d'abord surprend, mais qui s'explique tout naturellement par les faits. C'est que parmi les nomes, sans parler de la différence de leurs désignations, quelques-uns se trouvent nommés dans une liste que telle autre liste a supprimés. Également les métropoles pour le même district, ne sont pas toujours les mêmes. Il s'ensuit que la division du pays, à différentes époques de la période classique, différait selon l'importance de tel nome et de tel chef-lieu.

Ce qui peut être facilement constaté pour le temps de la basse époque de l'histoire égyptienne, est démontré encore plus visiblement par la confrontation des divisions pharaoniques à celles des temps classiques.

Telle ville antique, jadis florissante et le centre du culte religieux d'un nome dont elle formait le chef-lieu, avait fini par perdre toute son importance et cédait sa place à une localité voisine qui alors était à l'ascendant. L'administration ptolémaïque ou romaine qui se souciait fort peu de la renommée antique, supprimait donc l'ancien chef-lieu du nome en question en le remplaçant par la nouvelle ville. C'était celle-ci qui prêtait son nom pour désigner le nouveau nome.

Il arriva également que tel nome d'une certaine extension du temps pharaonique fut divisé en deux ou trois districts, selon la nécessité et pour en faciliter l'administration gouvernementale. On voit donc que l'ancienne division du pays, datant des époques antérieures aux règnes des Ptolémées et des Romains, devait cesser de correspondre aux divisions plutôt administratives que religieuses de la basse époque. Cependant, par respect pour les sentiments religieux des prêtres, on laissait subsister la division monumentale du pays, dont le brusque changement aurait bouleversé les systèmes mythologiques des nomes, et continuait de tapisser les murailles des temples et des pylones des tableaux sacrés des nomes. Ce ne sont que peu de monuments de l'époque ptolémaïque, qui intercalaient ou plutôt qui ajoutaient comme complé-ments de nature administrative les dénominations hiéroglyphiques des nouveaux dis-tricts à la fin des noms des 42 nomes pharaoniques. C'est sur les indications de ces listes complémentaires que j'ai dressé le 3ème des tableaux qui suivent. Je les ai désignés par le nom de *districts et de villes autonomes* pour les distinguer des nomes des temps antiques.

Pour prouver les changements que les anciennes listes ont dû subir à l'époque ptolémaïque, je me permettrai de citer quelques exemples. Dans la haute Égypte le nome d'Éléphantine disparut. Il fut remplacé par le nome d'Ombi. Également le nome d'Eileithyiapolis fut remplacé par celui de Latopolis. Diospolis magna, comme chef-lieu du nome Diospolite, céda sa place à la ville de Phatyris, comme Thinis, l'ancienne métropole du nome Thinite, à la nouvelle ville de Ptolémaïs. Le nome Aphroditopolite fut divisé en deux, le nome Aphroditopolite avec son ancien chef-lieu Aphroditopolis, et le nome Antaeopolite avec le chef-lieu Antaeopolis L'ancien nome de la ville Hieracon fut supprimé en entier, et son territoire ajouté aux nomes limitrophes. Les nomes avec les chef-lieux Nibis ou Ibiu et Hipponos ont été rayés des listes, tandis que le nome Crocodilopolite remplaça celui de *Schen'a-chun* (aujourd'hui *Bousch*), qui suivait anciennement, du côté du nord, le nome Héra-cléopolite.

Dans la basse Égypte, le nome antique de Letopolis fut divisé en deux, le nome Letopolite et le nome Prosopite. Également l'ancien nome Libya se composa des nomes modernes: Libya, Mareotes, la contrée des Alexandrins et Momemphites. Le nome Metelite fut divisé en deux, le nome Metelite et Onuphite, tandis que l'ancien Xoïte se forma de deux nomes, le Xoïte et le Leontopolite. On a ajouté au nome de Buto celui de Phthenotes, au nome Bubastite le Pharbaethite, à l'ancien nome d'Arabia le nome Phagroriopolite et celui d'Heroonpolis.

Voilà bien des changements dont il faut tenir compte pour distinguer l'ancienne division des nomes d'avec la division des nomes créée pendant la basse époque.

Les monnaies des nomes, pour en dire un dernier mot, sont d'un grand secours pour reconnaître, parmi tous ces changements, les chef-lieux des nomes modernes sous leurs formes antiques. Car les divinités et leurs emblèmes, gravés sur les mé-dailles, aident notablement à faire les comparaisons des noms grecs avec leurs proto-types antiques. M. J. de Rougé a été le premier qui s'est servi de cet instrument pour déterminer, avec une critique judicieuse, le sens géographique de plusieurs noms égyptiens.

Au lieu de réunir les nomes de la haute et de la basse Égypte, selon les tra-ditions classiques, dans un seul tableau, j'aurais préféré les énumérer séparément selon les différentes époques des auteurs qui en ont fait mention, si par malheur les traditions en question ne présentaient pas de considérables lacunes. Les écrivains classiques, peut-être à la seule exception de Claude Ptolémée, ont certainement passé, dans leurs index, plusieurs nomes. Ni Hérodote ni Strabon ni Pline ne peuvent pré-tendre à l'honneur de nous avoir transmis le nombre complet des nomes existant à leur époque. Aussi les monnaies des nomes, malgré leur grand nombre conservé dans les collections publiques et privées, offrent-elles encore des lacunes et n'ont pas encore permis de bien distinguer quelques nomes homonymes, tels que les nomes Diospolite et Aphroditopolite. Il y a en outre, des exemplaires de médailles qui attendent encore leur déchiffrement pour pouvoir être placés un jour dans la série des autres.

Sous ces circonstances, ainsi que je viens de le dire, j'ai préféré réunir les nomes que nous devons aux traditions des auteurs grecs et romains, dans un seul tableau, sans tenir compte des époques et des changements de gouvernement.

J'ai exclu du tableau seulement les noms que le père de l'histoire, Hérodote, nous a fait connaître dans son admirable ouvrage, par la raison que ces noms, comme je l'ai déjà fait observer plus haut, ne présentent que les véritables sons égyptiens, tandis que les autres écrivains, à partir de Strabon, ont cité les dénominations des nomes de la haute et de la basse Égypte par la *traduction grecque* du nom égyptien, à peu d'exceptions près. C'est ainsi qu'Hérodote mentionne les nomes *Thmuïte*, *Anysios*, *Aphthite*, *Papremite*, *Myekphorite*, *Chemmite*, tous situés dans la basse Égypte, que les autres auteurs paraissent avoir passés sous silence. Mais certainement ces nomes-là se rencontrent chez eux, seulement ils y sont énumérés sous des noms représentant la traduction grecque des appellations égyptiennes qu'Hérodote a si fidèlement conservées. C'est ainsi par exemple, que son nome *Chemmite*, loin d'avoir le moindre rapport avec la ville de *Chemmis* de la haute Égypte, la métropole du nome Panopolite, représente la forme purement égyptienne du nom de l'île de *Khebi* (qu'il appelle également *Chemmis*, c'est *Chembis* d'Étienne de Byzance) située sur le territoire marécageux du nome de Buto, appelé par Ptolémée Phthenotes.

Une comparaison des nomes qui composent le grand tableau, d'après les traditions classiques, avec ceux dont j'ai transcrit les noms selon la tradition monumentale, fera reconnaître au lecteur que plusieurs des districts autonomes rapportés sur les monuments, ne se rencontrent pas parmi le nombre des districts du tableau grec, soit que la tradition grecque les ait passés et supprimés, soit qu'ils se cachent sous quelques noms grecs qui attendent encore la démonstration de leur origine égyptienne. Il y a là des questions bien intéressantes à résoudre, mais la clef n'en sera fournie que par les inscriptions égyptiennes.

Je désirerais que mes tableaux représentant la géographie des nomes, fussent utiles aux études égyptiennes et classiques. Il est vrai, ce ne sont que quelques feuilles, mais elles reproduisent les résultats de longs et pénibles travaux.

Graz, Hallerschloss, le 31 décembre 1878.

Henri Brugsch.

Division administrative

de la Haute-Égypte à l'époque des Pharaons et des Ptolémées.

	Noms des chefs-lieux.	Leurs noms classiques.	Leurs noms modernes.
1.	*Abou* ou *Ibou*	Éléphantine	Geziret Asouan
2.	*Edbou*	Apollinopolis, la grande	Edfou
3.	*Nekheb* ou *Hab*	Eileithyiapolis	El-Kab
4.	*Ta-Api*	Thebae, Diospolis, la grande	Medinet-Abou
5.	*Qobti*	Coptus	Qeft
6.	*Tantarer*	Tentyra	Denderah
7.	*Ha*	Diospolis, la petite	Hou
8.	*Abudou*	Abydus	Harabat-el-madfouneh
9.	*Khent-khim*	Chemmis ou Panopolis	Akhmim
10.	*Edbou*	Aphroditopolis	Idfou
11.	*Schashotp*	Hypsele	Schoutb
12.	*Nientabok*	Hieracon	
13.	*Siaout*	Lycopolis	Ossiout
14.	*Kousi*	Aphroditopolis	Qousieh
15.	*Khimoun*	Hermopolis	Aschmouneïn
16.	*Hibennou*	Nibis	Minieh
17.	*Qasa*	Cynopolis (ou Ko)	El-Qaïs
18.	*Habennou*	Hipponos	El-Hebe
19.	*Pimaz*	Oxyrynchus	Behnasah
20.	*Khenensou*	Heracleopolis, la grande	Ahnas
21.	*Pisebek*	Crocodilopolis	Medinet-el-Fayoum
22.	*Tepahe*	Aphroditopolis, la grande	Atfih

Division administrative

de la Basse-Égypte à l'époque des Pharaons et des Ptolémées.

	Noms des chefs-lieux.	Leurs noms classiques.	Leurs noms modernes.
1.	*Mennofir*	Memphis	Monf
2.	*Ouskhem*	Letopolis	Ausim
3.	*Hapi*	Apis	
4.	*Ezqa*	Canopus	Edqou
5.	*Sa*	Saïs	Sa-el-haggar
6.	*Khsouou*	Xoïs	Sakha
7.	*Haneha*	Metelis	Mesil-Fouah
8.	*Thokout*	Heracleopolis, la petite	Sehrig
9.	*Pousiri*	Busiris	Abousir
10.	*Hatahirab*	Athribis	Tell Etrib
11.	*Kahabas*	Cabasa	Kabas
12.	*Thebnoutir*	Sebennytus	Samannoud
13.	*Annou*	On-Heliopolis	Matarieh
14.	*Zani*	Tanis	San
15.	*Pithout*	Hermopolis	Aschmoun er-Roman
16.	*Pibinebded*	Mendes	Tmaï-el-amdid
17.	*Pakhennamon*	Pachnamunis	Damiat
18.	*Pibast*	Bubastus	Tell Bastah
19.	*Pouot* et *Amam*	Buto	Koum-el-Aman
20.	*Pa-Qosem*	Phacusa	Faqous

Ordre monumental

des districts et des villes autonomes de l'Égypte aux temps des Ptolémées.

	Noms des localités.	Leurs noms classiques.	Leurs noms modernes.
1.	*Onbi*	Ombi	Koum-Ombou
2.	*Nekhen*	Chnubis	
3.	*Pi-akeni*		
4.	*Sni*	Latopolis	Esna
5.	*ta-Hof*	Tuphium	
6.	*Hasfoun*	Asphynis	Asfoun
7.	*Anmonth*	Hermonthis	Erment
8.	*Qos*	Apollinopolis, la petite	Qous
9.	*P-onbi*	Pampanis	Scheikh-et-Toukh
10.	*. . . ouer*	Passalon	
11.	*Pisebek*	Crocodilopolis	
12.	*Neschni*	Ptolemaïs	Menfchieh
13.	*Pakht*	Speos Artemidos	Stabl Antar
14.	*Pihapi*	Nilopolis	
15.	*Ain*	Heroonpolis	au nord de Suez
16.	*Pibalis*	Byblos	Bilbeïs
17.	*Schonkebh*	Phagroriopolis	} villes situées dans l'Ouadi
18	*Men*		de Toumilat
19.	*Hakhenem*	Sile	à l'Est de Qantarah
20.	*Samhoud*	Migdol	Tell Samhoud
21.	*Hasenotem*	Pelusium	Farama
22.	*Anbou*	Gerrha	Eneb-ed-diar
23.	*Scheden*	Pharbaethus	Horbeït
24.	*Ronofir*	Onuphis	
25.	*Pihebit*	Iseum	Behbeït
26.	*Pi*	Natho	Tantoûa
27.	*Daminhour*	Hermopolis, la petite	Damanhour

Division administrative

de l'Égypte à l'époque des Ptolémées et des Empereurs Romains.

A. Haute-Égypte ou Thebaïs.

	Préfectures (nomes)	Métropoles	Noms modernes	Emblèmes
1.	Ombites*	Ombi	Koum-Ombou	crocodile
2.	Apollinopolites*	Apollinopolis, la grande	Edfou	épervier
3.	Latopolites*	Latopolis	Esna	poisson latus
4.	Hermonthites*	Hermonthis	Erment	taureau
	Diospolites*	Thebae-Diospolis, la grande	Medinet-Abou	bélier
	Phatyrites	Pathyris	id.	
5.	Coptites	Coptus	Qeft	chèvre
6.	Tentyrites*	Tentyra	Denderah	épervier
7.	Diospolites	Diospolis, la petite	Hou	
8.	Thinites*	Ptolemaïs	Menfchieh	
9.	Panopolites*	Panopolis	Akhmim	ichneumon
10.	Aphroditopolites*	Aphroditopolis	Idfou	
11.	Hypselites*	Hypsele	Schoutb	bélier
12.	Antaeopolites*	Antaeopolis	Qau-el-Kebir	crocodile
13.	Lycopolites*	Lycopolis	Ossiout	chacal
14.	Antinoïtes	Antinoopolis	Ansina	

B. Moyenne Égypte ou Heptanomis.

	Préfectures (nomes).	Métropoles.	Noms modernes.	Emblèmes.
1.	Hermopolites*	Hermopolis, la grande	Aschmouneïn	ibis
2.	Cynopolites*	Cynopolis	Qaïs	chacal
3.	Oxyrynchites*	Oxyrynchus	Behnasah	bipenne
4.	Heracleopolites*	Heracleopolis, la grande	Ahnas	griffon
5.	Arsinoïtes*	Arsinoë (Crocodilopolis)	Medinet-el-Fayoum	crocodile
6.	Aphroditopolites*	Aphroditopolis	Atfih	vache
7.	Memphites*	Memphis	Monf	taureau

C. Basse-Égypte.

	Préfectures (nomes).	Métropoles.	Noms modernes.	Emblèmes.
1.	Letopolites*	Letopolis	Ausim	ichneumon
2.	Momemphites	Momemphis		
3.	Gynaecopolites*	Gynaecopolis		bélier
4.	territoire des Alexandrins	Hermopolis, la petite	Damanhour	
5.	Alexandria		Iskenderieh	hippopotame
6.	Mareotes*	Mareotis	Mariout	bélier
7.	Libya	Apis		bélier
8.	Prosopites*	Prosopis		épervier
9.	Saïtes*	Saïs	Sa-el-hoggar	vache
10.	Naucratis*		Adfeh	épervier
11.	Menelaïtes*	Canopus	Aboukir	crocodile
12.	Metelites*	Metelis	Mesil-Fouah	épervier
13.	Onuphites*	Onuphis		crocodile
14.	Cabasites*	Cabasa	Kabas	épervier
15.	Xoïtes*	Xoïs	Sakha	bélier
16.	Phthenotes*	Butus	Tantoua	épervier
17.	Phthemphuti*	Tava	Tauah	lotus avec Harpocrate
18.	Athribites*	Athribis	Etrib	épervier
19.	Busirites*	Busiris	Abousir	bouc
20.	Sebennytes inferior*	Pachnamunis ou Diospolis	Damiat	grappe de raisin
21.	Heliopolites*	Heliopolis	Matarieh	taureau
22.	Bubastites*	Bubastus	Tell Bastah	chatte
23.	Pharbaethites*	Pharbaethus	Horbeït	taureau
24.	Leontopolites*	Leontopolis	Nethouad-Tersi	lion
25.	Mendesius*	Mendes	Tmaï-el-amdid	bouc
26.	Tanites*	Tanis	San	épervier
27.	Sethroïtes*	Sethroë-Heracleopolis, la petite	Sehrig	épervier
28.	Neut ou Nosyt*	Panephysis	Aschmoun er-Roman	ibis
29.	Sebennytes superior*	Sebennytus	Samannoud	bouc
30.	Heroonpolites	Heroonpolis	au nord de Suez	
31.	Phagroriopolites	Phagroriopolis		
32.	Arabia*	Phacusa	Faqous	épervier
33.	Pelusium*		Farama	grenade

Remarque. Les astérisques ajoutés aux noms des préfectures, indiquent l'existence de monnaies frappées au nom de plusieurs empereurs Romains et portant le nom de la préfecture marquée dans notre liste. Pour les emblèmes v. J. de Rougé „Monnaies des nomes de l'Egypte". Paris, 1873.

Division Administrative de l'ancien Empire Égyptien d'après les Indications Monumentales

I. Nome [hiéroglyphes] To-hont

La Nubie inférieure

Districts autonomes de la province [hiéroglyphes]
Kenos, comp. Wadi Kenous de nos jours.

1. [hiéroglyphes] pehu Qennos „l'extrême limite de „Kenos, contrée montagneuse" (du)

Produits: [hiéroglyphes]
[hiéroglyphes] „Toute espèce de pierres précieuses: la „pierre Lapis-lazuli, le rubis, l'émeraude, „le Bo-gos, le quartz laiteux, le 'ar."

2. [hiéroglyphes] Marâu, Merawe, Meroë.
   Divinité: [hiéroglyphes] Âmon-Jupiter
   Produits: [hiéroglyphes] hesteb-lapislazuli.

3. [hiéroglyphes] Nâpat, Napata.
   Divinité: [hiéroglyphes] Âmon-Jupiter.
   Produits: [hiéroglyphes] nub, or.

4. [hiéroglyphes] Petenhur, Pontyris.
   Divinité: [hiéroglyphes] Hor-Apollon.
   Produits: [hiéroglyphes] la pierre Bo-gos.

5. [hieroglyphs] Pnubs, Pnups.
   Divinité : [hieroglyphs] Thud-Mercure
   Produits : [hieroglyphs] uoz, jaspe vert.

6. [hieroglyphs] To-uoz, Autoba.
   Produits [hieroglyphs] majkat mia, l'émeraude.

7. [hieroglyphs] Bohon, Boôn
   Divinité : [hieroglyphs] Hor-Apollon.
   Produits : [hieroglyphs] sinir, l'émeri.

8. [hieroglyphs] Atefθî, Tasilia.
   Produits : [hieroglyphs] hetes „le quartz laiteux".

9. [hieroglyphs] Neh'au, Noa
   Produits : [hieroglyphs] senen „le Rubis".

10. [hieroglyphs] Mehî, Meae.
    Divinité : [hieroglyphs] Hor-Apollon.
    Produits : [hieroglyphs] hebenî, l'ébène.

11. [hieroglyphs] M'am (Ibrim)
    Divinité : [hieroglyphs] Hor-Apollon
    Produits : [hieroglyphs] 'Ab, l'ivoire.

12. [hieroglyphs], [hieroglyphs] BOK (Kouban).
    Divinité : [hieroglyphs] Hor-Apollon.

13. [hieroglyphs] Ha-hont ou [hieroglyphs] P-ilak „l'île de
    Lak, Bilak, ⲡⲓⲗⲁⲕ, Philae.
    Divinité : [hieroglyphs] Isis.

—————

District égyptien de 𓉼 Tep-ris „Commencement "du Midi."

Chef-lieu : 𓉼 'Abu „le pays de l'élé-"phant", Éléphantine, Geziret Âswân.

Divinité : 𓉼 Ḫnum.

Autre ville : 𓉼 Suonnu, Âswân, ϹΟΥΑΝ, סונ en hébreu, Syene.

District autonome 𓉼 Nub „celui de l'or."

Chef-lieu : 𓉼 Nubî, Ombou, ⲰⲘⲂⲞⲚ, Ombus ou Ombi

Divinité : 𓉼 Sebek-Typhon et 𓉼 Hor-uer, Aroëris, Apollon.

II Nome 𓉼 Ṭes-Hor „celui du trône d'Hor."

Nomus Apollinopolites.

Chef-lieu 𓉼 Ḥa-ḥor „la maison d'Hor" Apollinopolis Magna.

Nom profan : 𓉼 Debu, Edfou, ⲀⲦⲂⲰ.

III Nome 𓉼 TeN „celui de la coiffure 𓉼." (Supprimé à l'époque grecque).

Chef-lieu : 𓉼 Demâ-Ḥab „la ville de la déesse Ḥab", El-Kab, Eileithyiapolis.

Divinité : 𓉼 Ḥab-t, Lucina.

Districts autonomes :

1. 𓉼 Qamhes „celui de l'épervier accroupi."

Chef-lieu: ⟨⟩ Neḥen „Hieraconpolis."

Divinité: ⟨⟩ Qamḥus – Hor – Epervier.

2. ⟨⟩ „celui de Ḫnum-Bélier"

Chef-lieu: ⟨⟩ 'Akni

Divinité: ⟨⟩ Ḥathor-Vénus.

3. ⟨⟩ Bennu-ui „celui de deux dieux".

<u>Nomus Latopolites.</u>

Chef-lieu: ⟨⟩, ⟨⟩ Sni „la ville du poisson

Latus, Esnâ, CNH, Latopolis.

Divinités: ⟨⟩ Ḫnum et ⟨⟩ Nit-Minerve.

4. ⟨⟩ Hor-âbot „celui d'Hor de l'orient."

Chef-lieu: ⟨⟩ Hos ou ta-Hos „celui

du serpent", Tuphium.

Divinité: ⟨⟩ Âmon-Jupiter.

5. ⟨⟩ Hor-âment „celui d'Hor de l'occident."

Chef-lieu: ⟨⟩ Hassun, Âssoun, Asphynis.

Divinité: ⟨⟩ Âmon-Jupiter.

6. ⟨⟩ Ânu-ris „Ôn du Midi", Âmris.

<u>Nomus Hermonthites.</u>

Chef-lieu: ⟨⟩ Ânu Mont „Ôn du

dieu Month", Erment, EPMONT, Hermon-[this.]

Divinité: ⟨⟩ „le dieu Mont" – Mars.

<u>IV Nome</u> ⟨⟩ <u>US</u> „celui du sceptre <u>US</u>."

<u>Nomus Diospolites.</u>

Chef-lieu : [hiéroglyphes] Pi-Âmon ou [hiéroglyphes] Nî-Âmon, "la ville d'Amon", ΠΙΛΜΟΥΝ, Diospolis magna; nom profane : [hiéroglyphes] Âpi-t "celle des grottes", Médinet-Âbou, ΘΗΒΩΝ, Thebae.

Divinité : [hiéroglyphes] Âmon-R'a, Jupiter-Sol.

District autonome :

[hiéroglyphes] pe-douy n Pi-Hathor "le district de Pihathor", de la ville d'Hathor, Nomus Pathyrites.

Chef-lieu : [hiéroglyphes] Pi-Hathor, Pathyris et Tathyris.

Divinité : [hiéroglyphes] Hathor, Vénus.

District autonome :

[hiéroglyphes] Ha-nub "Maison d'or."

Chef-lieu : [hiéroglyphes] Pi-nub "ville d'or", Banoub, Pamparis.

Divinité : [hiéroglyphes] Hathor-Vénus.

District autonome :

[hiéroglyphes] Ueruer(?).

Chef-lieu : [hiéroglyphes] Qusi "la ville du lien", Qous, ΚΩС ΒΙρΒΙρ, ou : [hiéroglyphes] Pi-Hor-uer "la ville d'Aroëris", Apollinopolis parva.

Divinité : [hiéroglyphes] Hor-uer, Apollon l'aîné.

V Nome [hiéroglyphes] Horui "celui des 2 éperviers."

Nomus Coptites.

Chef-lieu: 🜨 Qobti, Qeft, ⲔⲈϤⲦ, Coptus.

Divinité: Ḥim - Pan.

VI Nome Â-du,
Nomus Tentyrites.

Chef-lieu: Ta-n-tarer „la terre de Tarer", Denderah, ⲦⲈⲚⲦⲰⲢⲈ, Tentyra.

Divinité: Hathor - Vénus.

VII Nome ou Soḥem „celui du sistre".

Nomus Diospolites.

Chef-lieu: Ha-soḥem „la ville du sistre", nom profane: Ha, Hou, ⲢⲞⲨ, Diospolis parva.

nom sacré: Pi-Hathor „la ville d'Hathor," Aphroditopolis.

Divinités: Hathor - Vénus et Âmon-ãpi-t, Jupiter thebanus.

VIII Nome Âbez „celui de la cista mystica" (contenant la tête d'Osiris).

Nomus Thinites.

Chef-lieu: Tini, Thinis.

Divinité: Ânhur - Mars.

Districts autonomes:

1. To-set

Chef-lieu: TO-SET ou TO-Sebek

„la terre de Sebek", Crocodilopolis.

Divinité : [hiéroglyphes] Sebâk-Typhon.

2. [hiéroglyphes] .... uer,

Chef-lieu : [hiéroglyphes] .... uer.

3. [hiéroglyphes] Hor... „celui d'Hor...."

Chef-lieu : [hiéroglyphes] Nelly, Menschieh, identique à [hiéroglyphes] „Psî de Ptlurnis", de Ptolémée, ϥοι, ψωτ, Absai, Ptolemaïs.

Divinité : [hiéroglyphes] Sebek-Typhon.

IX Nome [hiéroglyphes] Ḥim „celui de Ḥim".

Nomus Panopolites.

Chef-lieu : [hiéroglyphes] Pi-Ḥim, „la ville de Ḥim"-Pan, Âkhmim, Ⳟⲙⲓⲛ, Ϣⲙⲓⲛ ⲠⲀⲚⲞⲤ, Chemmis ou Panopolis.

Divinité : [hiéroglyphes] Ḥim-Pan.

X Nome [hiéroglyphes] Uoz-t ou [hiéroglyphes] Sap-nuter-ui „le nome de deux dieux".

Nomus Aphroditopolites et Nomus Antaeopolites (du Midi).

Premier chef-lieu : [hiéroglyphes] Debu „la ville des souliers", Jdfou, ⲁⲧⲃⲱ, Aphroditopolis.

Divinité : [hiéroglyphes] Hathor-Vénus.

Second chef-lieu : [hiéroglyphes] Du-qa „la ville Hautmont", Qau-el-Kebir, ⲧⲕⲱⲟⲩ, Antaeopolis.

Divinité : [hieroglyphs] Set-Typhon.

XI Nome [hieroglyphs] Set „celui de Typhon"

Nomus Hypselites.

Chef-lieu : [hieroglyphs] Ŝâshotep, Schotb, ϣⲱⲧⲡ, Hypsele.

Divinité : [hieroglyphs] Ḥnum.

XII Nome [hieroglyphs] Duf „celui de sa montagne",

Nomus Antaeopolites (du Nord).

Chef-lieu : [hieroglyphs] Nî-no-bak „la ville de l'épervier", Hieracon.

Divinité : [hieroglyphs] Hor-nub „Horus d'or" ou „l'épervier d'or".

XIII Nome [hieroglyphs] Âtef-ḥorit „Âtef supér."

Nomus Lycopolites.

Chef-lieu : [hieroglyphs] Saûut, Ossiout, ⲥⲓⲱⲟⲩⲧ,

nom sacré : [hieroglyphs] Ha-ânup „la ville d'A-nubis-chacal; Lycopolis.

Divinité : Anubis nommé : [hieroglyphs] Âp-maten-gem'a „qui ouvre la route du Midi."

District autonome :

[hieroglyphs] Ha-ḫ'aî.

Divinité : [hieroglyphs] Mer-mutef, forme de Ḥnum.

XIV Nome [hieroglyphs] Âtef-peḥu „Âtef postérieur".

Nomus Aphroditopolites.

Chef-lieu : [hieroglyphs] Qus, Qousieh, ⲕⲱⲥ ⲕⲟⲱ, Cusae.

Divinité: [hiéroglyphe] Hathor-Vénus.

XV Nome [hiéroglyphe] Uon „celui du lièvre".

Nomus Hermopolites.

Chef-lieu: [hiéroglyphes] Hmun, Âschmouneïn, ϣⲙⲟⲩⲛⲉ,

nom sacré: [hiéroglyphes] Pi-Thoud „la ville de Thoud"

-Hermès, Hermopolis Magna.

Divinité: [hiéroglyphe] Thoud-Mercure.

XVI Nome [hiéroglyphe] (Mah)

Nomus Hermopolites du nord.

Chef-lieu: [hiéroglyphes] Hibenu, Hibn (près de Minieh) Ibiu.

Divinité: [hiéroglyphe] Hor-Apollon.

District autonome: [hiéroglyphe] Du-sat „celui de la

„montagne taillée".

Chef-lieu: [hiéroglyphes] Pah, Stabl Antar, Speos Artemidos.

Divinité: [hiéroglyphes] Paht-lionne, Diana.

XVII Nome [hiéroglyphe] Ânup „celui d'Anubis",

Nomus Cynopolites.

Chef-lieu: [hiéroglyphes] Kasa, El-Qaïs, ⲕⲁⲓⲥ; nom sacré

[hiéroglyphes] Pi-ânup „Cynopolis"

Divinité: [hiéroglyphes] Ânup-chacal, Anubis.

XVIII Nome [hiéroglyphe] sap

Nomus Oxyrynchites de l'Est.

Chef-lieu: [hiéroglyphe] Ha-bennu „la ville du phénix", El-

Hebe, Hipponos ou Hipponon.

XIX Nome [hiéroglyphes] Uab „celui du sceptre Uab".

Nomus Oxyrynchites de l'Ouest.

Chef-lieu: [hiéroglyphes] Pi-maz, ΠΕΜΧΕ, Behnasah, Oxyrynchus.

Divinité: [hiéroglyphes] Set-Typhon.

XX Nome [hiéroglyphes] Âm hont „celui du dattier „antérieur."

Nomus Heracleopolites.

Chef-lieu: [hiéroglyphes] Hinensu, Âhnâs, ϩΝΕϹ,

nom sacré: [hiéroglyphes] Pi-Hinuefiu „la ville „du vigoureux" (forme locale de hnum), Héracle-[opolis M.]

Divinité: [hiéroglyphes] Hinuefiu-Hercule.

XXI Nome [hiéroglyphes] ÂM-pehu „celui du „dattier, postérieur."

Nomus Heracleopolites du nord.

Chef-lieu: [hiéroglyphes] (pi-)Uenâ-hun, Feschn, ou Bousch, ΠΟϢΙΝ.

Divinité: [hiéroglyphes] Hnum.

District autonome: [hiéroglyphes] To-uji „le pays du „lac"(Moeris), El-Fayoum, ΦΙΟΜ, ou [hiéroglyphes] Sebek „celui du crocodile."

Nomus Arsinoïtes.

Chef-lieu: [hiéroglyphes] Pi-Sebek „la ville du crocodile", Crocodilopolis (Arsinoë).

Divinité [hieroglyphs] Sebek-Typhon.

<u>XXII Nome</u> [hieroglyph] Tes „celui du couteau".

<u>Nomus Aphroditopolites.</u>

Chef-lieu: [hieroglyphs] <u>Tepi-âhe</u> „la ville de la tête de la

„vache", Atfih, ⲡⲉⲧⲡⲏ︤ⲉ︥, nom sacré:

[hieroglyphs] <u>Pi-Hathor</u> „la ville d'Hathor"

Aphroditopolis.

Divinité: [hieroglyph] <u>Hathor-Vénus.</u>

<u>Les Nomes de la Basse-Égypte.</u>

<u>I Nome</u> [hieroglyphs] <u>Ânbu-hat</u> „le mur blanc".

<u>Nomus Memphites.</u>

Chef-lieu: [hieroglyphs] <u>Men-nofir</u>, Monf, ⲙⲉⲛⲃⲉ, Mem- [phis.

Divinité: [hieroglyphs] <u>Ptah</u> „Vulcain".

<u>II Nome</u> [hieroglyphs] ou [hieroglyphs] <u>'Xau</u> „de la cuisse".

<u>Nomus Letopolites.</u>

Chef-lieu: [hieroglyphs] <u>Sehem</u>, Âusim, ⲟⲩⲱϩⲙ,

<u>Letopolis.</u>

Divinité: [hieroglyph] <u>Hor-Apollon</u>, sous la forme d'un lion.

<u>III. Nome</u> [hieroglyphs] <u>Âment</u> „de l'occident".

<u>Nomi Libya, Mareotes, Momemphites.</u>

Chef-lieu: [hieroglyphs] <u>Hap</u> ou [hieroglyphs] <u>ni-ent-</u>

<u>hapi</u> „la ville d'Apis", Apis des Grecs.

Divinité : [hiéroglyphes] Hathor-Vénus.

District autonome : [hiéroglyphes] „du trône", Hud. Regio Alexandrinorum.

Chef-lieu : [hiéroglyphes] demî-n-Hor „la ville d'Horus", Damanhour, ⲧⲙⲓⲛϩⲱⲣ, Hermopolis p^a.

IV Nome [hiéroglyphes] sâpi ris „Sâpi du sud". Nomus Menelaïtes.

Chef-lieu : [hiéroglyphes] Zog'a, Canopus (près d'Aboukir)

Divinité : [hiéroglyphes] Sebek, Typhon.

V Nome [hiéroglyphes] sâpi-mehit „Sâpi du nord". Nomus Saïtes.

Chef-lieu : [hiéroglyphes] saî, Sa (el-haggar), ⲥⲁⲓ, Saïs.

Divinité : [hiéroglyphes] Nit-Minerve.   „de l'étranger"

VI Nome [hiéroglyphes] ka-hsuu „du taureau Nomi Xoïtes et Leontopolites.

Chef-lieu : [hiéroglyphes] hsu ou [hiéroglyphes] hsuu, Sakha, ϣⲱⲟⲩ, Xoïs.

Divinité : [hiéroglyphes] „Amon, le lion vigoureux"

Second chef-lieu : [hiéroglyphes] Ha-nt-âri-hos „la ville du lion", ⲗⲉⲱⲛⲧⲱⲛ, Leontopolis.

Divinité : [hiéroglyphes] Âri-hos 'a-pehuti „le lion très fort", appelé [hiéroglyphes] Âri-hos, le fils de Bast-Diana, forme d'Amon; [hiéroglyphes] Âmon-R'a, Jupiter Sol.

VII Nome 〔hiéro〕 ..... âment, ... de l'occident.

Nomus Metelites.

Chef-lieu: 〔hiéro〕 Sonti-nofir, Mesil, ΜΕΛΕϨ, Metelis.

Divinité: 〔hiéro〕, le crocodile de Sebek-Typhon.

Autre chef-lieu: 〔hiéro〕 Debî ou 〔hiéro〕 Deb-âd-hu "Deb de Natho", Adjeh, Naucratis.

Divinité: 〔hiéro〕 Sebek-Typhon.

District autonome: 〔hiéro〕 Ro-nofir

Nomus Onuphites.

Chef-lieu: 〔hiéro〕 Ro-nofir, Onuphis.

Divinité: 〔hiéro〕 Sebek-Typhon.

VIII. Nome 〔hiéro〕 ....âbot, ... de l'orient.

Nomus Sethroïtes.

Chef-lieu: 〔hiéro〕 ϑοκ, ת᷊ΠϽϿ Succoth, Sehrig, ϲαριομ ou ΨΕϴορ, Séthroë; nom sacré: 〔hiéro〕 "pi-Âtum à l'entrée de l'orient", Heracleopolis parva.

Divinité: 〔hiéro〕 Âtum-Sol.

IX Nome 〔hiéro〕 Aϑî "du grand roi",

Nomus Busirites.

Chef-lieu: 〔hiéro〕 pi-Usiri-neb-dad, Abousir, ΠΟΥϹΙΡΙ, Busiris

Divinité: 〔hiéro〕 Usiri-Osiris

X Nome [hieroglyphs] Ka-kem „du taureau noir",

Nomus Athribites.

Chef-lieu: [hieroglyphs] Ha-to-hir-âb „la ville de la terre

du milieu", Etrib, ⲁⲑⲣⲏⲃⲓ, Athribis.

Divinité: [hieroglyph] Hor-Apollon, surnommé [hieroglyphs] henti-hebî.

XI Nome [hieroglyphs] Ka-hebs „du taureau enveloppé".

Nomus Cabasites.

Chef-lieu: [hieroglyphs] Ka-hebs, Kabas (ou Schabbas?)

Ⲕⲃⲁⲟⲥ, Cabasa.

Divinité: [hieroglyphs] Set-Typhon.

XII Nome [hieroglyphs] Θeb-âh „du veau de la vache".

Nomus Sebennytes.

Chef-lieu: [hieroglyphs] Θeb-nutir „la ville du veau sa-

cré, Samanoud, ϪⲈⲘⲚⲞⲨⲦ, Sebennytus.

Divinité: [hieroglyphs] Ânhur, le maître de la lance,

Mars des Égyptiens.

District autonome: [hieroglyph] Hebî „de la fête",

Chef-lieu: [hieroglyphs] pi-hebî-t „la ville de la fête",

Bahbeït, Iseum.

Divinité: Isis [hieroglyphs] Ranen-Ceres.

XIII Nome [hieroglyphs] Hag.....

Nomus Heliopolites.

Chef-lieu: [hieroglyphs] Ânnu, Ôn de la Bible, Matarieh,

nom sacré: [hieroglyphs] pi-Tum ou [hieroglyphs] Nî-Tum „la

„ville de __Tum__" - Héliopolis.

Divinité [hieroglyphes] __Hor-m-âḫu__, Harmachis, Sol, appelé

aussi [hieroglyphes] __Tum__.

__Districts sacrés__ :

1. [hieroglyphes] __Pi-Hapi__

Chef-lieu : [hieroglyphes] __pi-H'ap__ „la ville du Nil," Nilopolis.

Divinité : [hieroglyphes] __H'api__, Nilus.

2. [hieroglyphes] __Hotp-him__

Chef-lieu : [hieroglyphes] (ou [hieroglyphes]) „la terre du scorpion."

Divinité : [hieroglyphes] __ujou-Sôs__.

3. [hieroglyphes] __ujen-gebh__

Chef-lieu : [hieroglyphes] __ujen-gebh__

4. [hieroglyphes] __Men__

Chef-lieu : [hieroglyphes] „__Men__ et les places en

„dessus de la ville __Ânnu__ - __Ôn__.

Divinité : [hieroglyphes] __ujou-Sôs__.

__XIV Nome__ [hieroglyphes] __ḫont-âbot__ „le

commencement de l'orient" (l'Arabie).

__Nomus Tanites.__

Chef-lieu : [hieroglyphes] __Zal__ (Tanis), le centre du

[hieroglyphes] __soḫet nu Z'an__ „champ

de Zo'an", Sân, ΧΑΝΗ, Tanis

Divinité : [hieroglyphes] __Hor-Apollon__, comme lion, épervier

et phénix- __bennu__.

XV Nome 𓅱 Thud „de Thoth",

[Nomus Hermopolites].

Chef-lieu: 𓊪𓏏𓎛𓅱𓏺 pi-Thud-âprohuh, „la ville

de Thoth le juge", Hermopolis, ou

𓏏𓏤𓏤 ḫmunu „la ville des huit", Aschmoun-

er-rouman, ϢΜΟΥΝ Ν ΕΡΜΑΝ.

Divinité: le dieu 𓅱 Thud-Hermes-Mercure.

XVI Nome „du poisson Ḥ'amḥit"

Nomi Mendesius et Thmuïtes.

Chef-lieu: 𓊪𓃀𓎟𓆓 pi-bi-neb-ded „la ville du bélier,

„maître du symbole ded", Thmaï-el-âmdid,

Mendes.

Divinité: Bi-neb-ded, Mendes, Pan.

Autre chef-lieu: ta-Ḥa-biu, ΘΜΘΙ, Thmuïs.

XVII Nome Samhud

Nomus Diospolites ou Sebennytes inferior.

Chef-lieu: pa-ḥun-n-Âmon „la retrai-

te d'Amon", Pachneumunis, ou:

Pi-Âmon, Diospolis.

Divinité: Âmon r'a, Jupiter-Sol.

XVIII Nome Âm-ḫont „de l'enfant

„royal, supérieur."

Nomus Bubastites.

Chef-lieu: pi-Bast „la ville de Bast", Diana,

Bastah, ⲡⲟⲩⲃⲁⲥϯ, Bubastus.

Divinité : [hiéroglyphes] Bast, Bubastis, Diana.

District autonome [hiéroglyphe] Hunt „du canal".

Nomus Pharbaethites.

Chef-lieu : [hiéroglyphes] ⲯⲉⲇⲉⲛ, nom sacré : [hiéroglyphes] Pi-Hor-marti, Horbeït, Φap-Baιⲧ, Pharbaethus.

Divinité : [hiéroglyphes] Hor-marti-Apollon.

XIX Nome [hiéroglyphes] Âm-pehu „de l'enfant „royal, postérieur."

Nomus Buticus.

Chef-lieu : [hiéroglyphes] Âm, Koum-el-âman, nom sacré : [hiéroglyphes] P-uto, Buto, Butus.

Divinité : [hiéroglyphes] Uto, Buto, Latona.

District autonome : [hiéroglyphes] n-Âdhu, Natho, appelé aussi [hiéroglyphes] pa-to-n-Uto „la terre de Buto"   Latona, ⲡⲧⲉⲛⲉ-ⲧⲱ, Phthenotes.

Chef-lieu : [hiéroglyphes] Pe ou Pu.

Divinité : [hiéroglyphes] Hor-Apollon.

Nomes du côté de [hiéroglyphes] Âbod „l'orient" ou de l'Arabie.

XX Nome [hiéroglyphes] supd „du triangle."

Nomus Arabia.

Chef-lieu : [hiéroglyphes] *pa-Qosem*, Faqous, ΚΟC, Phacusa.

Divinité : [hiéroglyphes] *Supd* – Apollon.

Districts autonomes :

1. [hiéroglyphe] *'An*, Aean

Nomus Heroonpolites.

Chef-lieu : [hiéroglyphes] *'An*, Heroonpolis, au nord de Suez.

Divinité : [hiéroglyphes] *Hor-hont-'An*, Heroon, Apollon.

2. [hiéroglyphe] *wens*

Chef-lieu : [hiéroglyphes] *Ha-hnemti* „la ville de la nourrice", Sile.

3. [hiéroglyphe] *Âtes*

Chef-lieu : [hiéroglyphes] *Samhud*, Tell-Semout, l'ancien : [hiéroglyphes] *Magadil*, Migdol, ΜΕΓΤΟΛ, Magdolon.

Divinité : [hiéroglyphes] „*Âmon, maître des Khiroth*" (gouffres, Barathra).

4. [hiéroglyphe] *Ha-snotem*

Chef-lieu : [hiéroglyphes] *Ha-snotem* „la ville du repos".

nom sacré : [hiéroglyphes] *pi-Suteh* „la ville de Set"-Typhon. Avaris, ou Pelusium.

5. [hiéroglyphe] *Ânbu* „les murailles".

Chef-lieu : [hiéroglyphes] *'Anbu* „la ville de la Muraille", *'Eneb-diâb*, Gerrhum (Γέῤῥον), [hiéroglyphe] *Schour*, les deux derniers noms ont le sens de *Ânbu*. c. à d. muraille.

Appendice N⁰ 2.

Les noms des sept Oasis à l'époque des Ptolémées.

1. [hiéroglyphes] Kenem ou [hiéroglyphes] Uit-ris „l'oasis du Sud", El-Khargeh, Oasis Magna.

Chef-lieu: [hiéroglyphes] Hib, Hibis.

Divinité: [hiéroglyphes] Âmon-R'a nommé [hiéroglyphes] Âmon-hib.

2. [hiéroglyphes] Zeszes, El-Dakhleh.

Chef-lieu: [hiéroglyphes] Se-t Âb „la ville de la lune",

Divinité: [hiéroglyphes] Âmon-R'a.

3. [hiéroglyphes] To-Âh „la terre de la vache", Fara-frah de nos jours. Dieu: [hiéroglyphes] Him-Âmon, Pan-Jupiter.

4. [hiéroglyphes] Uit „l'Oasis" sans nom, située sur [hiéroglyphes] „le terrain d'irrigation" de l'Oasis qui suit. Divinités: Osiris, Isis, Horus.

5. [hiéroglyphes] Sohet-âm „le champ des dattiers", Oasis Jovis Ammonis, Siwah de nos jours. Divinité: [hiéroglyphes] Âmon-r'a, Jupiter-Sol.

6. [hiéroglyphes] Uit-mehit „l'Oasis du Nord", Oasis parva, ce jour: Ouah-el-baharieh „Oasis du nord," ou Ouah-El-Behnesah.

7. [hiéroglyphes] Sohet-hemam „le champ du sel", Nitriotes (nomus), Ouadi-en-natroun.

Chef-lieu: [hiéroglyphes] Uorp. Divinités: [hiéroglyphes] Chonsu et [hiéroglyphes] Mont.

LEIPZIG. LIBRAIRIE J. C. HINRICHS.

DICTIONNAIRE GÉOGRAPHIQUE

DE L'ANCIENNE ÉGYPTE

contenant

par ordre alphabétique la nomenclature comparée des noms propres géographiques qui se rencontrent sur les monuments et dans les papyrus,

notamment

les noms des préfectures et de leurs chefs-lieux, des temples et sanctuaires, des villes, bourgs
et nécropoles, des mers, du Nil et de ses embouchures, des lacs, marais, canaux, bassins et
ports, des vallées, grottes, montagnes, des îles et îlots, etc.

Composé et autographié

par

HENRI BRUGSCH BEY.

1879. Folio. 1071 pages en 13 livraisons. Prix 335 Marks.

La dernière livraison, la 14ème, de cet ouvrage, contenant les „*Additions*" et *l'Index général* des matières,
va paraître au mois de Novembre 1879. Les Additions se composeront des noms géographiques
nouvellement découverts ou récemment publiés.

AEGYPTUS ANTIQUA.

Entworfen

von

HENRI BRUGSCH BEY.

Karte von Oberägypten 22 Nomen 1877. Gross–Folio 1 Mark.
Karte von Unterägypten 20 Nomen 1877. Imperial-Folio 2 Mark.